The Life

まぼ

勤労ロードショー

今日も財布がさみしくて

of Making Money

目次

第1話	青春という名の無償労働	3
第2話	大切なもの、それは	9
第3話	羞恥心を捨てろ	17
第4話	聖なる初バイト	24
第5話	連絡先交換の行方	33
第6話	奇妙な出会い	40
第7話	安心して踏める	46
第8話	不審な兄弟	53
第9話	大学デビュー	62
第10話	町田の女王	71
第11話	町田に完敗	80
第12話	クリエイティブな仕事	87
第13話	ツヨシ襲来	97
第14話	バーに誘われて	103
第15話	図工教室の先生	113
第16話	結局は人脈だよね	120
第17話	人生最悪の夏	127
第18話	広告代理店のアシちゃん	135
第19話	ファッションこわい	145
第20話	事務所戦記	153
第21話	洗脳からの解脱	160
第22話	拾ってもらえた	165
第23話	ブラック妊婦	170
第24話	そして今すべてが糧に	175

第1話 青春という名の無償労働

第2話 大切なもの、それは

第2話 大切なもの、それは

当時ホントーにお金がなくて

部活で使う交通費は親に出してもらって

炎天下の中、徒歩で球場まで向かって交通費を着服してた。

向かいの道路に、同じ手法で400円を錬金するノリコがいた。

第3話 羞恥心を捨てろ

第3話 羞恥心を捨てろ

派遣バイトの研修で知り合った方たち、

主婦　　楽団員　　大学生　　劇団員　　専門学生

たしかこんなかんじ(おぼろげ)

その日は割と仲良くなって
色々お話もしたけど、もちろんそれっきりで。

このまんがを描くまで
思い出さなかったけど、

彼女たちは今
何をしているのだろう…

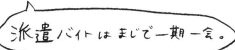

派遣バイトはまじで一期一会。

第4話 聖なる初バイト

デモンストレーターのバイトの流れ

① 事務所から毎日求人のメルマガが送られてくる

早いもの勝ちでエントリーする。

② 当日の勤務情報がメールで送られたり
特殊な内容だと事務所に研修を受けにいったり。

商品の内容や売りだしポイントを丸暗記する

③ 現地入り。開店前のスーパーはめちゃ忙しいから
基本個人プレーで動く。

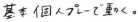

スーパーの試食販売をしている人は基本的に
スーパーの人間ではない(派遣スタッフ)ので
売場のことを聞かれてもサッと答えられないケースが
多いのですよ〜 アテンションプリーズ

第5話 連絡先交換の行方

内さんとは、付き合うことはなく自然消滅した。。。

なんどか内さんのバンドの
ライブにも行ったが、
気持ちは凪(なぎ)。

思えば、高校に入った途端バイト先の社会人と
付き合いだす女子が激増して

それに憧れてるだけだったんだな…と今は思う。
その時の私に会えるなら

社会人との交際は
このあといくらでもできる。
同級生との青春は今だけ

と教えたい…

アユミさんは長年働いた看板娘だったようで
店には、アユミさんの名前のついたメニューもあって

店長考案 アユミフライ

かなり手がこんでる
デミグラスソースがけ。
そば屋なのに洋食。

アユミさんが店を卒業してからも
このメニューは愛され続けた…

そして 奇しくも、私が社会人になったあと
2社目の就職先が アユミさんとグループ企業で、
オフィスビルで何度も会うことになる…

ア…アユミさん…？

その
美しさは

え…あれ
間違ってたらすみません
昔そば屋で…？

そうですよ

人生ってふしぎなご縁があるね〜

第7話 安心して踏める

当時の地元での最低賃金は712円。
高校生のバイトは750〜850円が相場に対し、
そば屋は時給1000円＋交通費　×完全日払いで
とても好都合だった。

店で皿洗いをしているとエプロンのポケットに
店長がお札を突っこむシステムで、
当時はそれがかなりイヤだったのですが

　今思えば、シャイな店長の支払い方法
　　　　　だったのでしょうね…

第8話 不審な兄弟

第8話 不審な兄弟

バイト経験の中で最大のやらかしと言えば
お客様の頭に茶そばをぶっかけたこと。

未熟者の私の脳内は「このミスを隠さねば!!」
という思考になってしまったが、すぐ店長も気づき

と教えてくれた。

第9話 大学デビュー

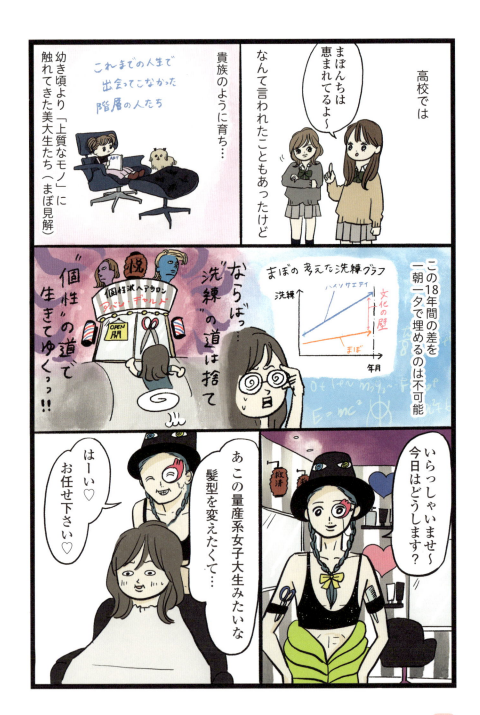

第9話 大学デビュー

元々私はファッションが大好きで

小学生の頃からティーン雑誌を読み漁り

小学生の頃は
サンバイザーで登校

中学生で
古着に目覚め

高校ではとにかく
服を重ねまくった

どえらい格好　　どえらい格好　　どえらい格好

ずっと「この学校で一番イケてるのは自分だ」

と勘違いをして生きてきた

が、美大に入って、あまりに洗練されている子が多く

ファッションが好き♡ とは言えなくなったし、思わなくもなった。

いまは
"誰にも何も思われない"を
テーマに

服を
えらんでます…笑

第10話 町田の女王

第10話 町田の女王

私立の美術大学は 学費が高い印象がありますが
そもそも 入る前からお金がかかる。
- 予備校の学費
- 実技試験対策用の画材代

うちは 5歳上の姉も美大の油画科卒だったので
〈かなり〉家計に負担をかけていました。

美大に入学して最初に仲良くなった子たちは

「講義の前に スタバ買ってこ〜」

「えっ
（今日 200円しか持ってない）
（とは言えない）」

「私は いいかな」

交友関係に 金銭感覚って 必要なのかも…

くぴ
学食の無料のお水

第11話 町田に完敗

第12話 クリエイティブな仕事

第12話 クリエイティブな仕事

ビンボー友だちの ムラムラ・じんぞーくんは 共に一人暮らしだったので、電気・ガス・水道すべて止まったことがあるそうな…

そんな 我々の お金のかからない遊びは…
「手づくり 全力 かるた」

部屋中に ばらまいて、全力で 取りにいく

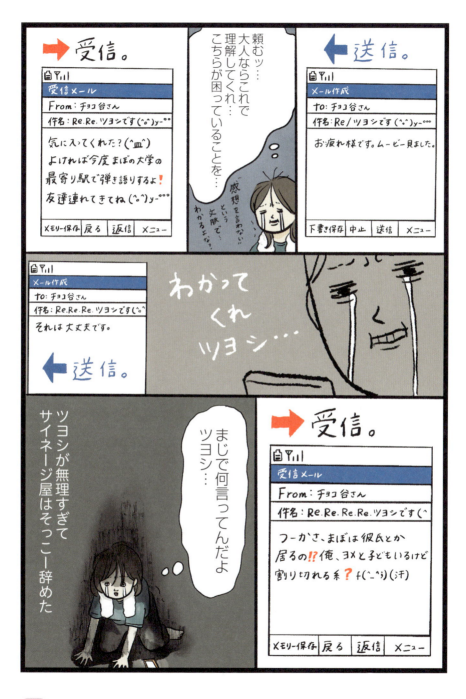

第14話 バーに誘われて

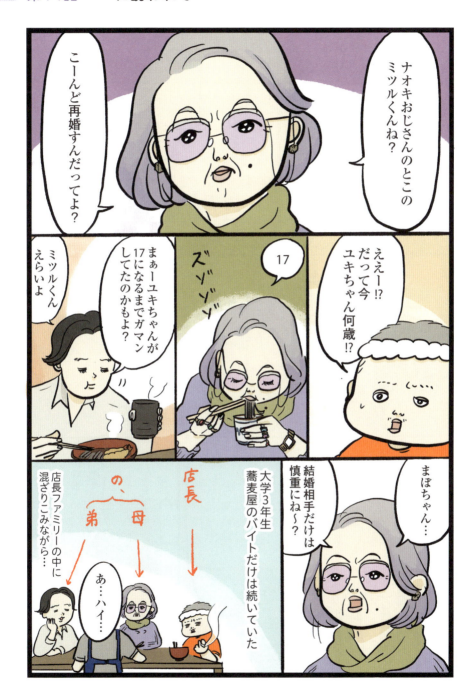

第15話 図工教室の先生

第15話 図工教室の先生

この時の経験が楽しくて、いまも毎年、息子の友だちを自宅へ招いてワークショップを開催している。

教える側としては 私はまだまだ未熟だが、子どもとものづくりをするのはすごく楽しい。

「就活での印象が良くなるかも!!?」

「な〜んて思って始めた バイトだけど」

思わぬ形で「今」につながってるんだなー

「できたー!」

去年はみんなで時計つくったよ

第16話 結局は人脈だよね

第16話 結局は人脈だよね

この頃、私はムラムラを失った穴を埋めるかのように夜な夜な出歩いて【人脈】を広げていた。

謎の異業種交流会で出会った人々

- 野心つよつよ社会人
  自分が成長できる場を探しているそうです。

- 財源は何!? 個性派マダム
  酔えば酔うほどやさしくなる。

- 肩書き多すぎ自称「変人」おじ
  「ま、要するに何でも屋ってコトですw」が自己紹介。

- "あの人女癖悪いから気ぃつけな、オレ送ってくよ…?" が手口の男。あまりトークははずまない。

- 「趣味は人間観察です」とかろくな観察眼もないのに言いたくて言ってた…

そんな風にいままでもらった名刺を学校の教室で広げて「やっぱ人脈大事だわ～」とか言いだすイタい美大生 ↑

第17話 人生最悪の夏

第17話 人生最悪の夏

大人になった今でも、
「就職先が決まらないまま卒業式を迎える」夢を見る。

大人になってみれば、働き方なんて色々あるし、
就職なんてできなくてイイじゃん!!…と思えるけど

当時は 就職できなかったら人生おしまいだ くらいに思ってた。
(なのに現実逃避ばかり)

ちなみに夫は早々に内定ゲットしたのに
新卒で入社した会社、1ヶ月で辞めた人 → パワハラのストレスで耳が聴こえなくなってしまった…

会社辞めた時は 人生おしまいだ と思ったけど そんなことはないよね…

第18話 広告代理店のアシちゃん

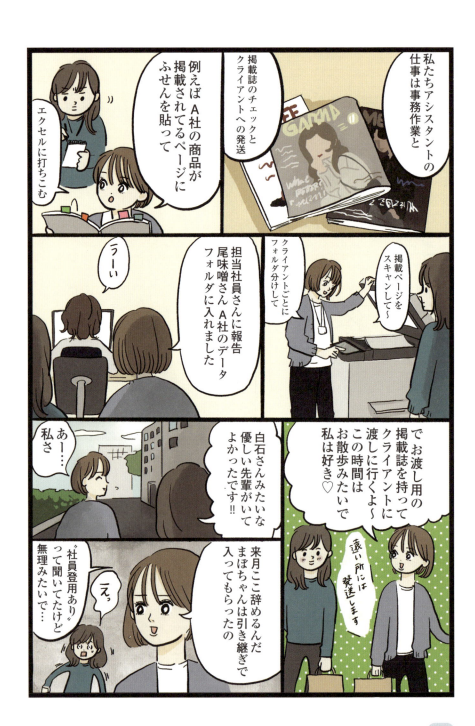

第18話 広告代理店のアシちゃん

これは私が「つい男性からちょっかいだされちゃうタイプ♡」という話ではなく、単純に

"バイトという存在は社会的に軽視してもイイ"

と勘違いした人が多い会社でバイトしてしまったという話

この経験から、社会人になって

バイトスタッフの方に敬意を払わねば

と思うあまり

まぼさん
バイトの人にもうすこし
荷物持ってもらったら？

気の遣い方をミスっていた。

人に頼るのも
仕事のスキルのうちの
ひとつだよ、
練習しようね

と、先輩によく言われた…

第19話 ファッションこわい

第19話 ファッションこわい

第20話 事務所戦記

第21話 洗脳からの解脱

第21話 洗脳からの解脱

第22話 拾ってもらえた

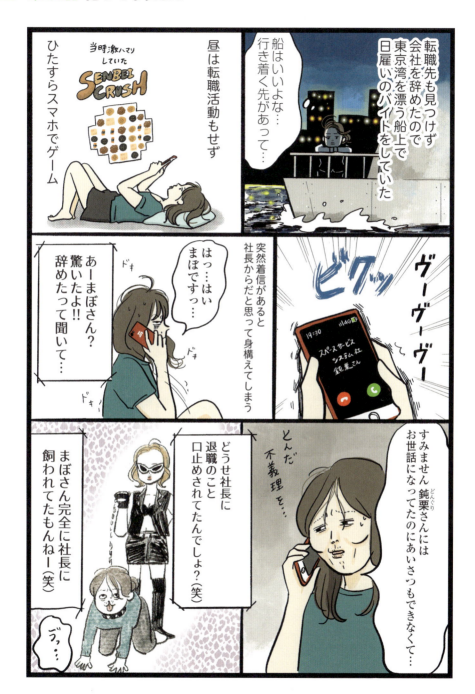

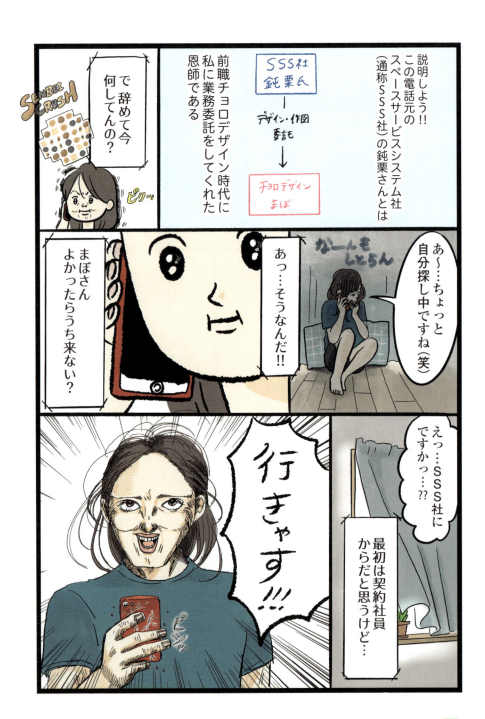

第22話 拾ってもらえた

SSS社に「デザイン事務所出身者」がおらず

この会社の人はこの環境が当たり前と思っておる!!

ぬるい!!けしからん!!

と思っていたが

のちに、同じくデザイン事務所出身の子が入ってきた。

限界OL 内倉さん

お…野良犬の眼をしておる…

同志よ…

前の事務所は何か月も給料未払いでさすがに辞めましたね―

業務の立て替え費用も50万くらい未払いで…(笑)

私よりハードな監獄じゃん…

この会社はちゃーんとお給料振りこまれるから楽園♡

第23話 ブラック妊婦

第24話 そして今すべてが糧に

あとがき

この本を手に取ってくれてありがとうございます。まぼです。

こんな私の身の上話を読んでもらえて、嬉しくもあり恥ずかしくもあり…いやはや大感謝でございます。

これまで出版した2冊のコミックエッセイは「エッセイ」といえど、子どもを中心とした話で、完全なる"わたくしごと"は今回が初めてで、私にとっては大きな挑戦となりました。

振り返れば、神奈川の、田舎だけどド田舎でもない、さえない平和な町で育ち、小・中・高・大、そして就職結婚出産…と、ドラマの少ない人生でした。

明日の食い扶持には困らないけど、でもいつもちょっとお金が足らない、財布のさみしい毎日で。少し特殊なバイト先とのご縁には事欠かない人生でもありました。

孤独な初めての育児生活、心が不安定で綱渡りの毎日で「苦労と面白いって紙一重、ならば漫画にして"面白い"に変えていけたら」とペンを握ってみたことが育児漫画を始めたきっかけです。自分自身を救済する"お焚き上げ精神"がエッセイ漫画を描く根っこにありました。

今回の漫画も前半こそお気楽ですが、どうにも就職先が決まらず、現実逃避で前に進めなくなった就活の時期や、デザイン事務所で奔走していた頃、子どもを育てながら死にものぐるいで働いていた会社員時代などは完全に"お焚き上げ精神"で描きました(笑)。

しかしながら私1人では一冊の漫画を完成させるなんてことは到底できず、最初からずっと一緒に走ってくださった編集の加藤なつみ様、着色を手伝ってくれた友人のみやけさん、そしてイラストレーターのmon-iちゃん。今回念願かなって装丁デザインをお願いできたデザイナーの鍋田さん。みなさまのお力があって漫画ができあがりました。本当にありがとうございます!

最後になりますが、スーパーの試食販売でバイトを始めたときから「働くことって面白い」という気持ちはずっと変わらず、仕事だるい、働きたくないと思ったことはありませんでした(無償労働は除く)。

私はこの先も働き続けるでしょう。私の財布と人生を豊かにするために…!

まぼ

デザイン	鍋田哲平デザインオフィス
校正	齋木恵津子
編集	加藤なつみ
協力	みやけ @miyahahama
	moni @m_oon_ico

勤労ロードショー
今日も財布がさみしくて

2025年2月4日 初版発行

著者	まぼ
発行者	山下 直久
発行	株式会社KADOKAWA
	〒102-8177
	東京都千代田区富士見2-13-3
	電話0570-002-301（ナビダイヤル）
印刷・製本	TOPPANクロレ株式会社

※本書の無断複製（コピー、スキャン、デジタル化等）並びに無断複製物の譲渡および配信は、著作権法上での例外を除き禁じられています。また、本書を代行業者等の第三者に依頼して複製する行為は、たとえ個人や家庭内での利用であっても一切認められておりません。

お問い合わせ
https://www.kadokawa.co.jp/
（「お問い合わせ」へお進みください）
※内容によっては、お答えできない場合があります。
※サポートは日本国内のみとさせていただきます。
※Japanese text only

定価はカバーに表示してあります。

©mabo 2025　Printed in Japan
ISBN 978-4-04-684454-5　C0095